8 AVRIL 1867 V

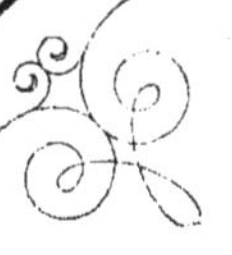

CATALOGUE
DE TABLEAUX
ANCIENS ET MODERNES

DES ÉCOLES FLAMANDE ET HOLLANDAISE.

COMPOSANT

la galerie de feu M. **WEBER DE TRUENFELS**, amateur à Anvers,

DONT LA VENTE AUX ENCHÈRES PUBLIQUES AURA LIEU

A PARIS,

HOTEL DES COMMISSAIRES-PRISEURS, RUE DROUOT, 5,

SALLE N° 8,

le lundi 8 avril 1867, à 2 heures 1/2 précises,

Par le ministère de Me Charles PILLET, commissaire-priseur,

RUE DE CHOISEUL, 11,

assisté de MM. Francis PETIT, expert, rue Saint-Georges, 7,

et Étienne LE ROY, commissaire-expert du Musée Royal de Bruxelles,

hôtel d'Orient, rue Neuve-Saint-Augustin, 18,

CHEZ LESQUELS SE DISTRIBUE LE PRÉSENT CATALOGUE.

EXPOSITION PARTICULIÈRE :

le Samedi 6 Avril 1867, de deux à cinq heures

EXPOSITION PUBLIQUE

le Dimanche 7 Avril 1867, de une à cinq heures.

PARIS,
RUE DE CHOISEUL, 11.

BRUXELLES,
PLACE DU GRAND-SABLON, 33.

1867

CATALOGUE

DE TABLEAUX

ANCIENS ET MODERNES,

DES ÉCOLES FLAMANDE ET HOLLANDAISE

COMPOSANT LA GALERIE DE FEU

M. WEBER DE TRUENFELS, amateur.

CONDITIONS DE LA VENTE

Elle sera faite au comptant.

Les acquéreurs payeront *cinq pour cent* en sus des adjudications.

La hauteur et la largeur sont indiquées, à la suite de la description de chaque tableau, en mètres et centimètres.

CATALOGUE

DE TABLEAUX

ANCIENS ET MODERNES

DES ÉCOLES FLAMANDE ET HOLLANDAISE,

COMPOSANT

la galerie de feu M. **WEBER DE TRUENFELS**, amateur à Anvers,

DONT LA VENTE AUX ENCHÈRES PUBLIQUES AURA LIEU

A PARIS,

HOTEL DES COMMISSAIRES-PRISEURS, RUE DROUOT, 5.

SALLE N° 8,

le lundi 8 avril 1867, à 2 heures 1/2 précises.

Par le ministère de Me Charles **PILLET**, commissaire-priseur.

RUE DE CHOISEUL, 11,

assisté de MM. Francis **PETIT**, expert, rue Saint-Georges, 7,

et Étienne **LE ROY**, commissaire-expert du Musée Royal de Bruxelles,
hôtel d'Orient, rue Neuve-Saint-Augustin, 18,

CHEZ LESQUELS SE DISTRIBUE LE PRÉSENT CATALOGUE.

EXPOSITION PARTICULIÈRE :

le Samedi 6 Avril 1867, de deux à cinq heures

EXPOSITION PUBLIQUE :

le Dimanche 7 Avril 1867, de une à cinq heures.

PARIS,
RUE DE CHOISEUL, 11.

BRUXELLES,
PLACE DU GRAND-SABLON, 33.

1867

CE CATALOGUE SE DISTRIBUE

A PARIS,	chez MM.	PILLET, Commissaire-Priseur, rue de Choiseul, 11.
—	»	PETIT, Expert, rue de Provence, 43.
—	»	ÉTIENNE LE ROY, Hôtel d'Orient, rue Neuve-Saint-Augustin, 48.
A LILLE,	»	HOUREZ, Marchand de Tableaux.
A MONTPELLIER,	»	ROGER, Marchand d'Objets d'Art.
A LYON,	»	HOETH, Marchand d'Estampes, rue Romarin, 9.
A MARSEILLE,	»	VALLI, Marchand de Tableaux, rue Paradis, 24.
A ROUEN,	»	BILLARD, Marchand de Curiosités.
A BRUXELLES,	»	ÉTIENNE LE ROY, place du Grand-Sablon, 33.
A ANVERS,	»	TESSARO, Marchand d'Estampes.
A LIÉGE,	»	BODSON, Marchand d'Antiquités.
A BRUGES,	»	BOGAERTS, Imprimeur-Libraire, rue Philipstok.
A GAND,	»	DUQUESNE, Libraire, rue des Champs, 81.
A LONDRES,	»	FARRER, New-Bond-street, 106.
»	»	COLNAGHI, Marchand d'Estampes, Pall-Mall East, 14.
A AMSTERDAM,	»	ROOS, *in het Huis der Hoofden.*
A LA HAYE,	»	GOUPIL et Ce, Plaats, 14.
A ROTTERDAM,	»	A. LAMME, Artiste-Peintre, Hoogstraat.
A COLOGNE,	»	HÉBERLÉ, Marchand d'Antiquités.
A BONN,	»	VAN DER KOLK et WEBER, Marchands d'Estampes.
A MUNICH,	»	BRULLIOT, Conservateur du Musée.
A VIENNE,	»	ARTARIA et Ce.
A DRESDE,	»	ARNOLD, Marchand d'Estampes.
A BERLIN,	»	LEPKE, Unter der Linden.
A LEIPZIG,	»	BROCKAUS et Ce.
A FRANCFORT,	»	JUGELL, Libraire.
A HAMBOURG,	»	COMMETER, Marchand d'Estampes.
A MANNHEIM,	»	ARTARIA et FONTAINE.
A ST-PETERSBOURG,	»	VON REGMORTER.
A ROME,	»	DURANTINI, Peintre.
A FLORENCE,	»	RICCIERI.
A GÊNES,	»	ISOLA, Peintre.
A MILAN,	»	VALLARDI.
A TURIN,	»	BUCHERON, Peintre.
A VENISE,	»	SANQUIRICO.
A GENÈVE,	»	MANAGA frères, Marchands d'Objets d'Art.
A BERNE,	»	BURGDORFER, Marchand d'Estampes.
A BALE,	»	SCHREUBER et WALZ, Marchands d'Objets d'Art

AVANT-PROPOS.

Les tableaux décrits dans ce Catalogue ont été réunis tous, dans un laps de trente années, par les soins intelligents de feu M. C.-E. Weber de Treuenfels, qui a longtemps rempli à Anvers les fonctions de consul du Grand-Duché de Bade.

Ami éclairé des arts, sa position de fortune, ses goûts personnels et ses relations avec des amateurs soit belges, soit étrangers, l'avaient mis à même de réunir des compositions authentiques d'anciens maîtres des écoles flamande et hollandaise, qu'il avait complétées par un bon choix de tableaux modernes.

La vente de cette collection a lieu par suite du décès

de M. Weber de Treuenfels, et pour sortir d'indivision.

Sans être considérables par le nombre, il y a dans le mérite de ces tableaux de quoi justement attirer l'attention et les sympathies de tous les connaisseurs éclairés, auxquels il suffit de signaler les compositions authentiques de pinceaux illustres comme ceux des maîtres suivants :

Isack Van Ostade, avec une page capitale : le *Ménétrier.*

Jacques Ruisdael, représenté par un délicieux paysage qui reproduit un *Site de la Norwége,* du pays si fertile en inspirations pour ce grand peintre.

Willem Van Mieris, dont le *Marchand de gibier* réunit toutes les qualités de conception et d'exécution qui caractérisent son talent.

David Teniers, le fils, que distinguent trois de ses meilleurs tableaux : l'*Opérateur* et l'*Intérieur d'une tabagie,* dans le ton le plus argentin de ce maître, et la *Fileuse flamande,* bijou de vérité naïve et saisissante.

Philippe Wouwerman, dont le *Calvaire* et une *Scène d'hiver* constituent deux productions hors ligne, deux pages d'élite dans l'œuvre de cet éminent artiste.

Jean Wynants, qui s'est surpassé lui-même dans le bien rendu des *Terrains sablonneux* d'un paysage rempli de charme.

Enfin, de belles compositions de Dirick Van Bergen, de Jean Le Ducq, d'Albert Van Everdingen, de Hackaert, de Jean Molenaer, de Solemaker, de Berck Heyden, etc.

Voilà pour les anciennes écoles flamande et hollandaise, si dignement représentées.

Quant aux peintres modernes et contemporains, nous citerons des pages vraiment magistrales de B.-P. Ommeganck, *Pâturages avec animaux*, ayant appartenu au fameux fournisseur Ouvrard; d'Eugène Verboeckhoven, de B.-C. Koekkoek, de Steffan, etc.

C'est à Paris qu'il sera procédé à la vente aux enchères publiques de cette remarquable collection qui, encore une fois, va disperser des trésors d'art pieusement recueillis sur le sol belge. Nous aimons à croire que la ville par excellence, que Paris, qui réserve à tous les chefs-d'œuvre comme à tous les artistes, sans distinction d'école et de date, la plus intelligente hospitalité, continuera le bienveillant accueil qui en fait de plus en plus le centre de tous les admirateurs du beau, la métropole de la civilisation.

L'année dernière, à peu près à la même époque, nous avons dirigé à Paris la vente de la précieuse et riche galerie de feu M. le baron de Brienen de Grootelindt, avec le concours dévoué de M. Ferdinand Laneuville, qu'une mort prématurée a ravi depuis lors à l'affection de sa famille et de ses nombreux amis, dont nous partageons les regrets.

C'est M. Francis Petit, si honorablement connu dans le monde des arts, qui veut bien nous seconder, en 1866, pour la vente aux enchères publiques de la collection de feu M. C.-E. Weber de Treuenfels.

ÉTIENNE LE ROY.

CATALOGUE.

TABLEAUX ANCIENS.

1. BEGA (Corneille).

INTÉRIEUR.

Un homme aux traits flétris par l'excès de la boisson, aux vêtements en désordre, un type complet d'ivrogne, s'est affaissé sur le plancher, tenant d'une main un broc, de l'autre sa pipe. Dans cette attitude, il chante, heureux de sa dégradation physique et morale.

Derrière lui, sa femme, digne émule du mari, chancelle à la suite de libations réitérées, qu'elle s'apprête à continuer, armée qu'elle est d'un broc et d'un verre rempli jusqu'au bord.

Auprès de ce couple si bien assorti, un berceau vide, dont les couvertures sont entassées sans ordre, révèle la cause de cette scène ignoble et lui sert de moralité : « *Après nous le déluge!* » Seulement l'eau n'est pas en question.

A droite, un tonneau défoncé.

Signé à gauche : C. Bega.

Hauteur 27 cent. Largeur 23 cent. Bois.

2. BERCK HEYDEN (Gerrit).

HALTE DE CHASSEURS.

Au seuil d'une auberge de village se sont arrêtés, pour prendre quelques rafraichissements, des chasseurs, dont la voiture stationne auprès d'un arbre de haute futaie, tandis qu'un valet accouple leurs chiens.

Un cavalier fait aussi une halte à la porte de l'auberge, et cause avec la servante qui lui a versé à boire.

Dans le fond s'avance un véhicule, attelé de deux chevaux, et que précèdent un cavalier et deux chiens.

Signé à gauche : Gerrit Berck Heyden *fecit.*

Hauteur 40 cent. Largeur 49 cent. Toile.

---

3. BERGEN (Dirick van).

ANIMAUX AU PATURAGE.

Dans une prairie se trouvent quelques animaux domestiques, sous la garde d'une bergère assise à gauche auprès d'une tente, ayant auprès d'elle son chien.

Sur la partie antérieure du tableau, à droite, on voit debout un bœuf à robe brune mouchetée de plaques blanches ; tout auprès, un autre bœuf couché; et derrière, un cheval.

Au centre sont étendus sur l'herbe un troisième bœuf, un bélier, deux moutons, une brebis ; plus loin, un bœuf beuglant.

A gauche s'élève un monticule dont le sommet, couvert de broussailles, borne le paysage.

Signé à droite : D. V. Bergen.

Hauteur 38 cent. Largeur 48 cent. Toile.

---

4. BERGEN (Dirick van).

LE RETOUR A LA FERME.

Le peintre nous montre un paysage boisé, au sol légèrement accidenté, que traverse une route où l'on voit une bergère et un pâtre avec leur troupeau.

Sur le premier plan, un ruisseau coupe la route, et la bergère le passe en portant son agneau favori. Elle est suivie d'un mulet chargé, de deux moutons et d'un veau ; viennent ensuite un bœuf et un bélier.

Le pâtre se trouve à l'arrière-plan avec le reste du troupeau.

Signé à droite : D. V. Bergen.

Hauteur 38 cent. Largeur 48 cent. Toile.

---

5. CUYP (Signé Albert).

VUE DE LA MEUSE, A DORT.

A droite, au second plan du tableau, s'élèvent une porte d'un style monumental et de nombreuses maisons de la ville de Dort, où circule la Meuse.

La rivière est sillonnée par quelques embarcations de pêcheurs, dont une forte brise gonfle les voiles.

Au-dessus des toits des habitations se détachent les mâts des nombreux navires stationnés dans les divers canaux de la ville.

A gauche, dans le fond, une tour se dresse, et l'on distingue des maisons situées au bord de la Meuse.

Sur une épave flottante, on lit la signature : A. Cuyp.

Hauteur 45 cent. Largeur 22 cent. Bois.

---

6. CUYP (Gerrit).

PORTRAIT EN PIED.

L'artiste a représenté un jeune gentilhomme hollandais; sa figure expressive est encadrée par une longue chevelure blonde.

Entièrement vêtu de noir, et coiffé d'un feutre à larges bords, également noir, il porte un ample col bordé d'un petit point étroit, dit engrêlure, qui retombe sur son pourpoint; ses gants en peau de couleur grise, ses manchettes semblables au col décrit plus haut, enfin une longue canne achèvent de caractériser le costume de l'époque.

Au fond s'élève un château avec fortification; il est entouré d'eau.

Hauteur 41 cent. Largeur 30 cent. Bois.

---

7. DIEPRAEM (ABRAHAM.)

LA PARTIE DE CARTES.

Sur une table improvisée pour la circonstance, et composée d'une planche que supporte un tonneau, deux paysans jouent aux cartes.

L'un des joueurs étale triomphalement les as qui assurent son succès ; l'adversaire, qui allait abattre une carte, s'arrête ébahi devant les arguments du vainqueur.

Assis auprès des joueurs, un villageois suit avec intérêt les chances de la lutte; dans le fond se trouve un quatrième personnage.

Hauteur 28 cent. Largeur 24 cent. Bois.

---

8. DOES (Simon Van der).

JACOB ALLANT EN ÉGYPTE.

Le peintre nous montre le patriarche Jacob qui, avec sa famille et ses nombreux troupeaux, quitte la vallée d'Hébron, désolée par le fléau de la famine, pour se rendre en Égypte.

La caravane touche au terme du voyage, comme le prouve un paysage à la riche végétation indiquant la prospérité du pays où se réfugient les descendants d'Abraham.

A droite, au premier plan, sur un chameau, deux jeunes femmes; une d'elles tient un enfant dans ses bras; viennent ensuite un autre chameau et des bœufs conduits par un pâtre; ce groupe est précédé par un homme à cheval.

A gauche, sur un bloc de rocher, signé S. P. Van der Does, 1716.

Hauteur 46 cent. Largeur 41 cent. Bois.

---

9. DOES (Simon Van der).

ANIMAUX AU PATURAGE.

Dans une prairie que défend une haie, et qui s'étend derrière une habitation rustique, un berger et une bergère assis gardent une vache à la robe brune et un troupeau de moutons.

Sur une route, qui passe devant l'habitation en longeant la haie, un pâtre conduit son troupeau. Derrière lui viennent deux cavaliers.

Un enfant apporte du bois à deux femmes occupées à faire du feu dans l'intérieur de l'habitation.

Le fond du paysage est montueux.

Signé à droite, sur un tronc d'arbre : S. P. V. Does, 1716.

Hauteur 46 cent. Largeur 42 cent. Bois.

10. DOV (Signé G.).

LE REPOS DE L'ÉTUDE.

Dans un cabinet de travail, assis sur un escabeau, le dos appuyé contre une bibliothèque, un musicien, coiffé d'un béret rouge et portant des vêtements de couleur sombre, fait vibrer sous ses doigts les cordes d'une guitare.

Auprès de l'artiste, à droite, sur une grande table couverte d'un tapis de Smyrne, on voit dans un désordre pittoresque d'autres instruments et plusieurs cahiers de musique ; contre la table repose une basse.

Au fond, à droite, s'élève une vaste cheminée supportée par des colonnes; on lit dans la partie supérieure la signature : G. Dov.

Hauteur 40 cent. Largeur 32 cent. Bois.

11. DUCQ (Jean le).

LA PARTIE DE TRIC-TRAC.

Dans un salon, autour d'une table placée à gauche auprès d'une fenêtre ouverte, on voit deux dames et trois cavaliers en riche toilette.

Une des dames, assise de l'autre côté de la table, fait une partie de tric-trac avec un des cavaliers debout et vu de dos.

Les deux autres gentilshommes, assis à chaque bout de la table, suivent avec attention les chances du jeu. Celui qui se trouve à droite, la figure la plus importante de la composition, comme l'indique sa position au centre, est assis sur une chaise, accoudé sur la table; sa tête que sa main soutient est tournée vers les joueurs.

La seconde femme pose sur l'épaule du troisième cavalier sa main tenant une pipe.

A droite, un jeune homme cherche à effleurer de ses lèvres le visage d'une femme qui ouvre la porte du salon.

A gauche, on voit un violon, un violoncelle et une draperie appuyés contre une chaise.

Cette composition mérite d'être considérée comme une des meilleures et des plus importantes de Jean Le Ducq.

Hauteur 49 cent. Largeur 64 cent. Bois.

---

12. EVERDINGEN (Albert van).

VUE PRISE EN NORWÉGE.

Cette composition magistrale nous montre un torrent qui descend des montagnes et traverse un paysage de la Norwége. Les eaux, dans leur course rapide, se brisent contre des blocs de rocher qui les font jaillir en écume, puis elles se précipitent en cascade sur le premier plan du tableau.

A gauche et à droite se détachent de hautes montagnes, au pied desquelles on voit quelques habitations et des cabanes de bûcherons.

D'épais et lourds nuages, interceptant la lumière du soleil, font pressentir l'approche d'un ouragan.

Signé à gauche, au milieu d'un fouillis de broussailles : A. V. Everdingen.

Hauteur 84 cent. Largeur 1 mètre 12 cent. Toile.

---

13. EVERDINGEN (ALBERT VAN) ET LINGELBACH (JEAN).

PAYSAGE.

Un cours d'eau, de large dimension, traverse un paysage légèrement boisé, et se dirige vers le premier plan du tableau. Là les flots tombent en cascade et se brisent sur des blocs de rocher.

A la partie antérieure, deux pêcheurs armés de leurs filets; à gauche, sur des escarpements montueux, quelques chèvres et un pâtre.

Hauteur 27 cent. Largeur 37 cent. Bois.

---

14. HACKAERT (JEAN) ET LINGELBACH (JEAN).

SITE ITALIEN.

Une rivière sinueuse aux rives escarpées baigne tout le premier plan d'un paysage montueux et boisé, en ne laissant à sec qu'une langue de terre où l'on voit un paysan qui va monter sur un âne. Il est accompagné d'un chien.

De l'autre côté de la rivière, dans un pâturage bien ombragé, un pâtre et une bergère gardent un troupeau de moutons.

Un horizon de montagnes cerne à droite le paysage.

Hauteur 48 cent. Largeur 40 cent. Bois.

---

15. HALS (DIRICK).

LA TRICHERIE.

Deux hommes jouent aux cartes, mais dans des conditions bien inégales; l'un triomphe gaîment, l'autre semble abasourdi de la chance étonnante de son adversaire. Chance qui s'explique par le concours perfide d'un voisin de la victime, dont les cartes, se reflétant dans un petit miroir, sont révélées au malin compère lisant à livre ouvert dans le jeu du vaincu.

Une lampe éclaire cette scène que suit du regard une jeune femme assise auprès de la table.

A droite, la cabaretière apporte un pot de bière.

Hauteur 44 cent. Largeur 51 cent. Bois.

---

16. JARDIN (Genre de Karel Du).

PASSAGE D'UN GUÉ.

Au premier plan d'un paysage, dans une mare d'eau peu profonde, on voit des vaches, des chèvres, des moutons, laissés à la garde de deux chiens.

Le fond du paysage se termine par une chaîne de montagnes.

Hauteur 49 cent. Largeur 62 cent. Toile.

---

17. KLOMP (Albert).

PAYSAGE ET ANIMAUX.

Dans un pâturage se trouvent quelques bêtes bovines très-bien rendues : une vache couchée, à robe blanche mouchetée de taches roussâtres ; à droite, une vache fauve ; plus loin, un jeune taureau brun, la tête semée de plaques blanches.

Hauteur 40 cent. Largeur 38 cent. Bois.

---

18. LIMBORGHT (H. Van).

SUJET DE CHASSE.

Un lièvre mort pend accroché par les pattes à une branche d'arbre, qui porte également deux perdrix.

Quelques fleurs grimpent autour du tronc de l'arbre, au pied duquel on voit un petit oiseau et une gibecière.

Un paysage, que traverse une rivière, forme le fond du tableau.

Hauteur 84 cent. Largeur 70 cent. Toile.

---

19. MIERIS (Willem Van).

LE MARCHAND DE GIBIER.

Derrière une fenêtre cintrée, un marchand de volailles, en casaque de couleur olive, montre une dinde à une jeune femme placée à sa droite.

La cliente est vêtue d'une jaquette brune entr'ouverte qui laisse apercevoir un ample fichu blanc. A son bras gauche pend un panier destiné à recevoir les œufs de poule et de vanneau qu'elle choisit dans une écuelle de bois posée sur le mur d'appui de la fenêtre, où l'on voit aussi deux ramiers et un vieux tapis de laine.

Un bas-relief, représentant *l'ivresse de Bacchus*, en partie caché par le tapis, décore le soubassement de la fenêtre.

A droite s'étend une vigne dont les verdoyants rameaux garnissent cette partie et le sommet de la fenêtre.

A gauche est accroché un lièvre, au-dessus deux perdrix, plus haut une cage.

Signé sur le mur d'appui : W. Van Mieris, fec. 1710.

Hauteur 42 cent. Largeur 36 cent. Bois.

---

20. **MOLENAER (Jean).**

LE REPAS.

Autour d'une table servie, l'heure du repas a rassemblé les habitants d'une ferme.

A droite est assis le chef de la maison, armé d'une grande bouteille recouverte d'osier ; à côté de lui, sa femme tient son verre rempli et rit joyeusement sous l'influence d'un toast porté par un jeune homme assis en face et qui élève son verre.

Derrière eux, trois autres paysans, dont l'un assis à la table découpe un jambon ; à droite, une petite fille mange assise sur le sol.

A gauche s'élève le manteau d'une vaste cheminée ; une servante y surveille la cuisson des mets, tandis que, dans le fond, par une porte ouverte, une femme examine tous les détails de cette scène d'intérieur.

Un chien, un grand broc en bois avec cercles de cuivre, divers ustensiles et des accessoires bien distribués complètent cette composition vraiment importante.

Sur un appui de la table, signé : J. Molenaer.

Hauteur 58 cent. Largeur 77 cent. Toile.

---

21. **NEER (Aart. Van der).**

CLAIR DE LUNE.

Vue d'un canal hollandais, sur lequel voguent des embarcations à voiles.

Les deux rives du canal sont plantées d'arbres ; à droite, un pont conduit vers un village dont le clocher domine les plus hautes branches des arbres voisins.

Le sujet est animé par différents personnages, entre autres par un homme à cheval qui se trouve sur la berge.

Sur la rive gauche, au fond, on voit des habitations et la tour d'une ville.

La lune, qui éclaire de ses rayons tout le paysage, est mollement réfléchie par le cristal des eaux.

Hauteur 79 cent. Largeur 1 mètre 2 cent. Toile.

---

22. OSTADE (Isack Van).

LE MÉNÉTRIER.

Au second plan s'élèvent les bâtiments d'une grande exploitation rurale; à droite, l'intérieur d'une grange qui en dépend.

Une femme portant un jeune enfant se montre à la porte de la ferme, devant laquelle un ménétrier joue du violon et charme un groupe de bambins.

Tous ces personnages sont vivement éclairés par les rayons du soleil qui colore d'une teinte chaude la façade de l'habitation.

A droite, dans la grange, protégés par le toit qui les couvre de son ombre, un fermier est assis auprès d'une vieille femme; on y voit aussi deux paysans, l'un armé d'un broc qu'il élève au-dessus de sa tête, en manifestant l'intention de danser sous l'influence de l'appel du ménétrier. Plus loin se trouvent quelques enfants, un d'eux perché sur une échelle. La musique produit là le même effet que sur le premier groupe.

Au fond de la grange, on voit une pompe et divers accessoires; tandis qu'à gauche de la composition, le peintre a représenté des poules, un chien et un coq, à l'entrée d'un poulailler.

Une vigne rampe sur le toit de la métairie; plus haut, on aperçoit un coin du ciel.

Cette œuvre capitale du maitre se distingue par l'importance et la richesse de la composition autant que par le fini de l'exécution et par son état de conservation parfaite.

Hauteur 68 cent. Largeur 84 cent. Toile.

Provenant de la galerie de M. Dansaert-Engels.

---

23. POELENBURG (Corneille).

CÉPHALE ET PROCRIS.

Dans un riant paysage où s'élève à droite un rocher, Poelenburg a représenté le tragique épisode de la tendre Procris, mortellement frappée par le javelot qu'elle a donné à son bien-aimé Céphale.

Le trait fatal, qui ne manque jamais le but assigné, est parti lancé par la main du tendre époux qui trouve, au premier plan du tableau, sa chère Procris frappée mortellement, et près d'exhaler le dernier soupir.

A gauche, dans la plaine, des satyres et des nymphes allument un grand feu, sans doute pour le bûcher funéraire de Procris.

Hauteur 28 cent. Largeur 38 cent. Cuivre.

---

24. ROOS (Henri).

SITE D'ITALIE.

Au centre d'un paysage aride et montueux, un pâtre couché sur le sol garde son troupeau composé d'une vache brune, de trois moutons étendus sur l'herbe et de deux chèvres qui broutent sur une éminence.

A l'arrière-plan, on voit des ruines, et, dans le fond, un ancien château-fort qui domine une chaine de montagnes.

Hauteur 33 cent. Largeur 42 cent. Toile.

---

25. RUBENS (D'après Pierre-Paul).

SUJET RELIGIEUX.

Sur un gradin élevé, la Vierge et l'Enfant Jésus, derrière lesquels se trouve saint Joseph, accueillent les hommages d'un grand nombre de bienheureux.

Sainte Catherine, à genoux, reçoit l'anneau mystique; à gauche, on voit saint Pierre et saint Paul, et, sur la partie antérieure du tableau, saint Georges, saint Martin, saint Grégoire, saint Étienne et d'autres personnages que l'Église a canonisés.

Cette composition est la copie réduite du célèbre tableau de Rubens, qui orne le maître-autel de l'église des Augustins, à Anvers.

Hauteur 81 cent. Largeur 64 cent. Bois.

---

26. RUISDAEL (Jacques).

PAYSAGE.

C'est un site de la Norwége, du pays dont le génie de Ruisdael s'est souvent inspiré, que représente cette charmante et remarquable composition.

Tout le premier plan se trouve occupé par une nappe d'eau qui descend du sommet de montagnes et de rochers, bornant l'horizon, et finit par former au second plan une cascade.

Des groupes de rocs abruptes, couverts de mousse, s'étendent à perte de vue le long des bords de la cascade.

A droite, des arbres de haute futaie, géants aux rameaux touffus; en avant se détache un tronc d'arbre dénudé, brisé et vivement éclairé. Ses racines noueuses plongent dans le sol, comme pour défier l'ouragan.

A gauche, protégée par des rochers, on voit une chaumière, dont la cheminée dégage une fumée épaisse.

Quelques personnages et des moutons animent cette composition. Le ciel nuageux est richement éclairé par les rayons du soleil à son déclin.

Ce tableau a fait partie de la collection de M. Tardieu fils et de celle de lord Wellesley, comte de Mornington, vendue à Bruxelles en 1846.

Hauteur 56 cent. Largeur 45 cent. Toile.

---

27. RUISDAEL (Jacques).

LE TORRENT.

Du sommet de montagnes escarpées, qui bornent l'horizon, se précipite un torrent qui traverse le paysage dans toute sa profondeur pour tomber en cascade sur le premier plan de la composition, où il s'étend et forme une grande nappe d'eau.

A la naissance même de la cascade, au point culminant, un bloc de rocher en divise le cours impétueux, et fait jaillir en écume les flots brisés par cet obstacle.

A gauche, un monticule couvert de chênes, et, sur le devant, un tronc dépouillé de ses racines et de ses branches.

A droite, sur le bord, deux arbres gisent renversés.

A l'arrière-plan, un pont rustique relie les deux rives; deux personnes suivies d'un chien traversent ce pont.

Hauteur 67 cent. Largeur 55 cent. Toile.

---

28. SNYERS (Pierre).

LÉGUMES.

Des céleris, des betteraves, des carottes, des choux rouges, quelques oignons sont groupés par l'artiste dans un désordre rempli de mouvement.

A droite, d'un panier renversé tombent des raiforts.

A gauche, un autre panier à anse contient des raiforts, des carottes, des betteraves.

Le tableau est signé à droite : P. Snyers.

Hauteur 20 cent. Largeur 27 cent. Cuivre.

---

29. SOLEMAKER.

LE PASSAGE A GUÉ.

Deux bœufs, deux moutons, un bélier et un âne pesamment chargé passent à gué une pièce d'eau qui s'étend, limpide et tranquille, sur tout le premier plan du tableau.

Un pâtre accompagné de son chien surveille ces différents animaux; vient, après le pâtre, une femme qui porte sur le dos un jeune enfant.

A l'arrière-plan, on voit un paysan monté sur un âne et conduisant une autre bourrique. Plus loin, un pâtre avec son troupeau de bêtes ovines suit un chemin côtoyant une éminence rocheuse, laquelle s'élève au bord du cours d'eau.

Au fond, des montagnes cernent l'horizon.

De légers nuages flottent dans le ciel, et les rayons du soleil annoncent le déclin du jour.

.Ce tableau, du plus beau faire et de la meilleure époque du maître, rappelle bien la manière de Berchem.

Hauteur 41 cent. Largeur 56 cent. Toile.

---

30. **STADLER.**

PAYSAGE.

A gauche, devant quelques habitations rustiques, passe une route où l'on voit un pâtre qui conduit un troupeau de vaches et de moutons.

Hauteur 11 cent. Largeur 16 cent. Cuivre.

---

31. **STADLER.**

CLAIR DE LUNE.

Les rayons argentés de la lune éclairent un paysage qu'un canal anime en le traversant. Sur une route, au bord du canal, on voit un nombreux troupeau de vaches et de moutons, conduits par un pâtre, que seconde une bergère montée sur un âne.

Hauteur 11 cent. Largeur 16 cent. Cuivre.

---

32. **STORCK (Abraham).**

UN PORT DU LEVANT.

De nombreux navires sillonnent un grand fleuve, et, sur ses bords, à gauche, s'élèvent un édifice monumental et un obélisque.

Quelques personnes circulent sur le quai, dont s'éloigne une embarcation portant des passagers vers un navire à l'ancre.

Hauteur 25 cent. Largeur 38 cent. Bois.

---

33. TENIERS (David), le fils.

L'OPÉRATEUR.

Dans le cabinet d'un chirurgien-dentiste, un jeune paysan en culotte jaune, en blouse bleue, s'est assis à gauche sur une chaise à laquelle pend accroché son béret rouge.

En face du patient, dont il tient le menton d'une main, tandis que l'autre main est armée de l'instrument qui doit extraire la dent malade, se tient gravement l'opérateur.

Mais le jeune homme trahit son excès de crainte et son manque de confiance. En effet, sa main gauche retient le bras du dentiste et sa main droite serre convulsivement son bâton sur lequel il s'appuie.

Derrière ce groupe, une vieille femme, sans doute la mère du patient, attend avec anxiété le résultat.

Des pots et des fioles, contenant divers spécifiques, garnissent une table à demi couverte d'un tapis et une planche accrochée dans le fond du cabinet.

A gauche, près de deux pots en grès, le peintre a signé : D. Teniers fec.

Hauteur 25 cent. Largeur 19 cent. Bois.

---

34. TENIERS (David), le fils.

INTÉRIEUR D'UNE TABAGIE.

Plusieurs villageois sont groupés dans une tabagie devant le manteau d'une vaste cheminée, qui s'étale à gauche.

Le principal personnage de la réunion est un homme coiffé d'un béret rouge, en veste bleue, avec une culotte jaune. Assis, le bras appuyé sur le dossier d'une chaise en bois, il tient sa pipe de la main gauche, tandis que son autre main repose dans sa veste entr'ouverte. Il s'adosse à une table sur laquelle un autre fumeur est accoudé, en causant avec un villageois, debout près de l'âtre.

Au premier plan on voit, non loin de la table, sur un tonneau, un broc, une serviette, un pot à feu. Divers accessoires garnissent la cheminée ainsi qu'une planche accrochée dans le fond.

A droite apparait l'hôtesse avec un plat.

Au bas, à droite, signé : D. Teniers fec.

Hauteur 25 cent. Largeur 19 cent. Bois.

Ce tableau et le précédent, dont il forme le pendant par l'identité de dimensions, se distinguent par ce ton argentin, si recherché des connaisseurs dans les productions d'élite de David Teniers.

---

35. TENIERS (David), le fils.

LA FILEUSE FLAMANDE.

Assise sur une chaise rustique, devant un rouet, une vieille femme, en bonne ménagère flamande, file tranquillement du lin.

Sa coiffure consiste en un bavolet blanc ; et sa jaquette bleue est serrée à la taille par le cordon d'un tablier, dont l'ampleur cache à demi la jupe grise en dessous.

Cette composition naïve, que colorent chaudement les rayons du soleil, se trouve complétée par un pot à feu, un buffet, ainsi que par des ustensiles de ménage posés sur une planche.

A gauche, près du pot à feu, signé : D. Teniers, f.

Hauteur 32 cent. Largeur 24 cent. Bois, forme ovale.

36. UDEN (Lucas Van).

PAYSAGE. VUE DE FLANDRE.

Sur une route qui traverse la partie gauche du paysage et longe une éminence boisée, circulent deux paysannes avec des paniers et un pâtre qui chasse devant lui un troupeau de moutons.

La vue s'étend au loin sur de verdoyantes plaines, rafraichies par le cours d'une rivière aux nombreuses sinuosités.

Signé à gauche : L. Van Uden, pinxit.

Hauteur 35 cent. Largeur 57 cent. Toile.

---

37. VEEN (Otto Van).

ECCE HOMO.

Le Christ couronné d'épines et couvert d'un manteau bleu tient à la main un roseau.

Hauteur 39 cent. Largeur 28 cent. Bois.

---

38. VERELST (Pierre.)

INTÉRIEUR.

Deux personnages, assis devant un tonneau, causent gravement. Celui qui est à gauche porte de longs cheveux retombant sur son habit brun ; il tient à la main un verre à moitié rempli.

Celui de droite, en veste verte, en culotte rouge, coiffé d'un bonnet fourré, est occupé à bourrer sa pipe.

Vers le fond, un troisième individu se trouve près de la porte ouverte et semble écouter la conversation.

Hauteur 25 cent. Largeur 20 cent. Bois.

---

39. VERENDAEL (Nicolas Van).

FLEURS.

Sur un mur d'appui en pierre sont disposées, dans un désordre gracieux, différentes variétés de fleurs; entre autres des roses, des tulipes, des œillets, des belles de jour ; il y a aussi des graminées et un chardon sur lequel un papillon vient butiner; un autre papillon se pose sur un épi de blé.

A gauche s'élève un buste de Flore avec une couronne de fleurs lui servant d'emblème.

Hauteur 38 cent. Largeur 46 cent. Toile.

---

40. WOUWERMAN (Philippe).

LE CALVAIRE.

Il est bien difficile, pour ne pas dire impossible, de rendre avec des paroles l'effet de cette composition.

Sur le calvaire on voit le Christ qui vient d'être crucifié entre les deux larrons ; au pied de la croix, les saintes femmes brisées littéralement par l'excès de la douleur.

A gauche de la montagne du Golgotha, quatre guerriers se battent avec acharnement.

A l'avant-plan, quatre cavaliers romains, aux cuirasses et aux armes étincelantes et montés sur des chevaux superbes, descendent la montagne se dirigeant vers la droite ; ils ont conduit le Christ au calvaire, et sont suivis de différents personnages, parmi lesquels figurent les porteurs des instruments du supplice. Autour d'eux, quelques hommes du peuple, et au fond, à gauche, on aperçoit une foule d'individus qui rentrent dans la ville de Jérusalem, éclairée par la lueur phosphorescente des éclairs et de la foudre.

Le ciel se couvre de nuages.

Ce tableau, d'un grand fini d'exécution et d'une merveilleuse richesse de tons, mérite d'être considéré comme une des plus belles pages de Philippe Wouwerman. — Signé des monogrammes du maître : A 1652.

Il fut peint en 1652, par ordre de M. le comte de Wassenaar, qui avait demandé à Karel du Jardin de traiter concurremment le même sujet. (*L'œuvre de ce dernier artiste est aujourd'hui à Paris, au Musée impérial du Louvre.*)

Le tableau de Philippe Wouwerman a successivement appartenu à la famille du prince de Montmorency ; à la collection de M. Montaleau ; puis de M. Rottiers, à Gand ; et à celle de lord Wellesley, comte de Mornington. Il fut acheté pour M. Weber, à la vente de ce dernier, faite à Bruxelles en 1846.

Hauteur 48 cent. Largeur 73 cent. Toile.

Voir SMITH, volume I, page 214, n° 39 ; et *Supplément*, page 142, n° 15. *Gravé au trait par Onghena.*

---

41. WOUWERMAN (PHILIPPE).

SCÈNE D'HIVER.

A droite, sur une terrasse couverte de neige et que dominent les débris d'un édifice encore imposant, s'élève une tente.

Un homme harnache un cheval blanc qui se détache vivement sur un fond sombre formant repoussoir.

Un palefrenier donne la ration de foin à un autre cheval, dont la robe est bai-brun.

Au centre, une dame vêtue avec élégance est assise dans un traîneau, attelé d'un cheval richement caparaçonné et conduit par un cavalier en costume rouge.

Un grand nombre d'enfants et de personnes de divers âges circulent çà et là sur la glace.

Le regard embrasse un horizon immense où l'on distingue l'intérieur d'un village.

Cette belle composition est remarquable par la finesse de l'ensemble et des détails, par l'harmonie de la couleur et surtout par l'admirable entente du clair-obscur, qualités qui distinguent à un si haut degré les œuvres aussi rares que recherchées de Philippe Wouwerman. — Signé des monogrammes du maître.

Ce tableau provient de la collection Stevens, d'Anvers, 1837.

Hauteur 36 cent. Largeur 48 cent. Bois.

Voir le *Supplément* de Smith, page 202, n° 184.

---

42. WYNANTS (Jean) et LINGELBACK (Jean).

PAYSAGE AVEC TERRAIN SABLONNEUX.

Un tertre sablonneux occupe la partie à droite d'un paysage; au sommet, quelques arbres s'élèvent dans un massif de broussailles, et, sur une barrière en bois, un berger se trouve tranquillement assis.

Au pied du tertre, devant une pauvre femme assise sur le sol et implorant la charité, passe un chasseur, précédé de son chien et suivi d'un valet.

A gauche, un ruisseau traverse, dans son cours sinueux, un paysage plat qui aboutit à un horizon orné de plantations.

Au bord du ruisseau, deux pêcheurs à la ligne.

A droite, au bas du tableau, signé : J. Wynants.

Délicieuse production, une des plus précieuses, par le charme de sa composition.

Hauteur 25 cent. Largeur 34 cent. Toile marouflée.

---

43. RUISDAEL (Genre de).

PAYSAGE.

L'artiste représente un site bien boisé, animé par un cours d'eau sur lequel est jeté un pont que deux personnes traversent.

A droite, une cabane; dans le fond s'élève un moulin à vent.

Hauteur 24 cent. Largeur 31 cent. Bois.

TABLEAUX MODERNES.

44. DE BRAEKELEER (Ferdinand).

ÉPISODE DU BOMBARDEMENT D'ANVERS.

Sur un tertre en terre, auprès d'un pont rustique, un jeune garçon, vêtu du costume des orphelins, est assis à côté d'une petite fille dont sa main presse la main pendant qu'il essaie de la consoler et de l'encourager. Autour d'eux, quelques paquets et un panier qu'ils ont sans doute sauvés en fuyant loin de leur asile, envahi par l'incendie.

L'artiste a très-bien rendu la touchante intervention de ce jeune orphelin, oubliant sa propre infortune pour ranimer le courage de sa compagne, de sa sœur, dont il adoucit les craintes et l'effroi.

A droite se pressent de nombreuses personnes frappées d'épouvante et s'éloignant de la ville d'Anvers, dont la silhouette se détache sur un fond de flamme rougeâtre.

Hauteur 53 cent. Largeur 43 cent. Bois.

45. KOEKKOEK (Bernard-Corneille).

LA PRIÈRE A LA MADONE.

A gauche d'un chemin en terre battue qui traverse le centre d'un paysage accidenté, et au pied d'un tertre planté d'arbres dont les branches touffues forment un épais ombrage, s'élève une chapelle consacrée à la sainte Vierge.

Quatre personnes se sont arrêtées auprès du pieux monument pour adresser une fervente prière à la Madone miraculeuse : deux paysans, l'un à genoux, une femme et un enfant.

Une chaîne de montagnes couvertes de broussailles occupe la partie à droite de la composition.

Le soleil répand une lumière dorée sur le paysage vivement éclairé, excepté au premier plan qui se trouve un peu dans l'ombre.

Au fond se dresse une montagne que couronne un ancien château fortifié.

A gauche, signé : B. C. Koekkoek, 1837.

Hauteur 63 cent. Largeur 70 cent. Toile.

---

46. KOEKKOEK (Bernard-Corneille).

ÉTÉ.

Une chaloupe a ouvert sa voile au souffle d'une légère brise d'été pour voguer sur un canal qui traverse la partie à gauche du tableau dans toute la profondeur.

Au premier plan, sur une jetée qui s'avance dans le canal, plusieurs travailleurs s'occupent du soin d'embarquer et de débarquer des ballots et des marchandises.

A droite s'élève une grande tour à la suite de laquelle se prolongent des maisons qui bordent une route ombragée d'arbres et animée par quelques personnes.

Le soleil éclaire la partie gauche, qu'il colore chaudement.

Des montagnes forment le fond du tableau.

A droite, sur la planche d'un canot, signé : B. C. Koekkoek, 1849.

Hauteur 22 cent. Largeur 29 cent. Bois.

---

47. KOEKKOEK (Bernard-Corneille).

HIVER.

Sur un canal dont l'intensité du froid a changé les eaux en une épaisse couche de glace, on voit un grand nombre de personnes, les unes qui glissent en patinant, les autres qui circulent ou s'arrêtent dans les attitudes les plus variées.

Le canal passe devant une petite ville dont le peintre a fort bien rendu les différentes constructions.

A gauche, une grande barque et un canot, emprisonnés dans les glaçons.

Sur l'autre bord s'élève un vaste magasin dont l'ombre enveloppe la partie à droite, tandis que le premier plan est seul éclairé par les rayons d'un soleil d'hiver.

Sur la voile de la barque à gauche, signé : B. C. Koekkoek, 1849.

Ce tableau fait pendant au numéro précédent.

Hauteur 22 cent. Largeur 29 cent. Bois.

---

48. KUNTZ (C. et R.).

PAYSAGE ET ANIMAUX.

Dans un riant pâturage, auprès d'un massif de broussailles, se tient un taureau à la robe fauve, auprès duquel sont couchées deux vaches rousses.

A droite, une chèvre; et, à gauche, trois vaches auprès d'une chaumière.

Des montagnes forment le fond du paysage.

Hauteur 29 cent. Largeur 36 cent. Bois.

---

49. OMMEGANCK (Balthazar-Paul).

PATURAGE ET ANIMAUX.

Dans un grand pâturage à la verdure luxuriante, et qu'ombragent quelques arbres de haute futaie dont les rameaux touffus interceptent à demi les rayons du soleil, se trouvent un nombreux troupeau de moutons et quelques chèvres.

Au premier plan sont couchés un bélier et une chèvre auprès d'une brebis et de son agneau ; un peu plus à gauche, une autre chèvre et cinq moutons.

Non loin de ce dernier groupe, un berger et une bergère, assis sur un tronc d'arbre, causent avec tant d'animation que la jeune fille ne s'aperçoit pas du larcin d'un chien, qui va mettre au pillage les provisions contenues dans un panier, qui n'était nullement réservé pour le larron à quatre pattes.

A droite, dans une mare, deux vaches, l'une à robe rousse, l'autre fauve.

Au second plan paissent de nombreuses bêtes ovines, et, un peu en arrière, deux villageois causent tranquillement au pied d'un arbre près duquel broute une vache.

Toute la partie à gauche de la composition est occupée par une chaîne de montagnes rocheuses, au bas desquelles on voit une chaumière.

Les rayons du soleil éclairent chaudement le centre du tableau.

Signé à droite : B.-P. Ommeganck, 1806.

Hauteur 1 mètre. Largeur 1 mètre 15 cent. Bois.

---

50. OMMEGANCK (Balthazar-Paul).

ANIMAUX AU PATURAGE.

Un berger, suivi de son chien, s'arrête avec son troupeau de chèvres et de moutons, auprès d'un aqueduc sur lequel est assise une femme tenant à la main une lettre ouverte.

Appuyé sur sa houlette, le berger écoute attentivement les explications que lui donne cette femme sur la lettre qu'elle tient.

Presque tous les animaux, qui sont à l'avant-plan, se trouvent à l'état de repos, excepté deux béliers qui s'entrechoquent et un mouton noir et blanc qui broute.

A droite, dans l'enclos d'une métairie qu'ombragent de

grands arbres, quelques moutons et deux vaches, l'une rousse, l'autre noire.

A gauche, le paysage est traversé dans sa profondeur par les sinuosités d'une rivière. dont les bords sont reliés par les deux arches d'un pont en pierre.

Au pied des montagnes cernant l'arrière-plan, quelques habitations s'élèvent au milieu de bouquets d'arbres.

Effet harmonieux de la lumière du soleil, tandis que le fond montueux est enveloppé de nuages et de vapeurs à demi transparents.

Signé à droite : **B.-P. Ommeganck.**

Hauteur 88 cent. Largeur 1 mètre 16 cent. Bois.

Ces deux productions capitales ont été exécutées pour feu M. Ouvrard, fournisseur de l'armée.

---

51. STEFFAN (J.-G.).

LE TORRENT.

Un torrent descend, à gauche, impétueux, du sommet de rochers à travers lesquels il s'est creusé un lit; les eaux bouillonnantes viennent tomber en cascade sur le premier plan, où elles se marient à un autre torrent de moindre dimension, qui prend son cours à droite.

Sur les rives s'élèvent, au milieu de blocs de rochers aux formes pittoresques, des mélèzes et différents arbustes.

Le premier plan du torrent brille et resplendit sous les rayons du soleil, et un brouillard épais enveloppe le reste de la composition.

L'aspect du ciel fait pressentir l'approche d'un orage.

Signé à droite : **J.-G. Steffan, 1847.**

Hauteur 83 cent. Largeur 1 mètre 20 cent. Toile.

---

52. VAN GROOTVELT (Jean-Henri).

LE MARCHAND DE COMESTIBLES.

Une jeune et belle personne, en robe de satin, est entrée le soir dans la boutique d'un marchand de comestibles qui lui montre un lièvre à la clarté que projette une chandelle allumée.

A gauche, sur la table où se trouve la chandelle, sont pittoresquement disposées : dans un plat, des tranches de saumon, puis différentes pièces de gibier, quelques poissons; on voit aussi un homard et deux paniers contenant des fruits et des légumes à côté d'une grande marmite en cuivre. A terre, dans un rafraîchissoir, deux bouteilles.

A droite, dans le fond de l'arrière-boutique, deux femmes se livrent à des détails de ménage.

Hauteur 39 cent. Largeur 49 cent. Bois.

---

53. VERBOECKHOVEN (Eugène).

LE RETOUR DU PATURAGE.

Un troupeau de chèvres et de moutons, que précède un bélier, au retour du pâturage, stationne devant la porte ouverte de la bergerie, où se tient une vache fauve.

Derrière le troupeau, on voit une paysanne assise sur un mulet pesamment chargé; elle remet un agneau à un berger debout près du mulet.

Derrière la bergerie s'élève un arbre aux rameaux noueux.

Le paysage est entrecoupé de montagnes entre lesquelles serpente une rivière.

A droite, sur un chemin qui longe le cours d'eau, un pâtre chasse devant lui son troupeau de chèvres.

Dans le fond, et au bord de la rivière, s'élève une habitation imposante, non loin des ruines d'un vieux château.

A l'avant-plan, près de la bergerie, un coq et une poule.

Cette composition capitale et importante du maître est signée à droite : EUGÈNE VERBOECKHOVEN, 1842.

Hauteur 90 cent. Largeur 1 mètre 18 cent. Bois.

---

54. VERBOECKHOVEN (EUGÈNE).

HALTE DE VILLAGEOIS.

Devant une grande porte pour les charrettes qui se trouve à gauche, est arrêté un paysan monté sur un beau cheval blanc; devant lui l'écuyer rustique tient un sac et une cruche en grès.

Il cause avec un homme, tenant par la bride un cheval brun qu'il va atteler à un traineau, sur lequel se trouve un tonneau. Derrière cet homme vient un chien.

A droite, près de quelques troncs d'arbres au bord d'une mare, un coq et trois poules.

Un ancien château-fort domine une grande plaine qui s'étend au loin verdoyante.

De légers nuages ornent l'azur du ciel sans le voiler, et la lumière harmonieuse du soleil fait ressortir le groupe principal, ainsi que l'ensemble du paysage, traités avec autant de finesse que de goût par un pinceau rival de la nature.

A gauche, sur une planche, signé : EUGÈNE VERBOECKHOVEN, 1834.

Hauteur 40 cent. Largeur 33 cent. Bois.

---

55. VERBOECKHOVEN (Eugène).

LE PATRE ET SON TROUPEAU.

Monté sur un cheval brun, un pâtre chasse devant lui son troupeau, composé d'un âne, d'une chèvre et de trois moutons. Un chien le suit.

Les animaux passent à gué un cours d'eau peu profond qui anime le premier plan du paysage.

A gauche, on voit un chemin où circulent deux personnes et un chien. Dans le fond montueux et boisé s'élève la tour d'un ancien château du temps de la féodalité.

A l'avant-plan, au bord de l'eau, un bloc de rochers et un tronc d'arbre.

On lit à droite cette inscription : Eugène Verboeckhoven, 1841, à Florence.

Hauteur 40 cent. Largeur 33 cent. Bois.

---

56. INCONNU.

MINIATURE.

Mercure, le messager céleste, s'acquitte de la mission que lui a confiée Jupiter, et remet Bacchus enfant aux soins de Silène et des Nymphes, qui doivent élever le futur dieu du vin.

Cette scène mythologique se passe dans une île défendue par une ceinture de rochers.

A gauche, un groupe d'amours jouant avec la chèvre Amalthée, dont le lait avait nourri Jupiter enfant.

Sur des nuages, à gauche, on voit Jupiter et Junon.

Hauteur 23 cent. Largeur 32 cent.

SUPPLÉMENT

AU

CATALOGUE

DE LA VENTE DU 9 AVRIL 1867.

57. DAVID (Louis).

EUCHARIS ET TÉLÉMAQUE.

Ce tableau, peint par l'artiste à Bruxelles, en 1817, pendant son exil, est gravé au trait par Charles Le Normand et décrit dans les annales du Salon de Gand de 1820 publiées en 1823.

Nous en extrayons les passages suivants :

« Eucharis et Télémaque ont trompé la sagesse et la jalou-
» sie, Mentor et Calypso, pour se livrer aux délices d'une pas-
» sion réciproque, mais encore chaste et pure. Le moment de
» se séparer est venu ; déjà Télémaque a serré Eucharis dans
» ses bras et lui a dit le touchant adieu qui doit terminer un
» moment de bonheur ; déjà il allait se lever pour quitter la
» grotte, lorsque sa noble et belle amie ne pouvant encore con-

» sentir à cette cruelle séparation, jette ses bras autour du cou » de son amant, et s'abandonne, peut-être pour la dernière fois, » aux sentiments délicieux que sa présence lui inspire. Télé- » maque n'a pas le courage de la contempler ; il se souvient de » Mentor et il sent avec douleur que son bonheur va lui » échapper. »

» Ce tableau fut exposé dans la maison de ville de Gand sur » les instances réitérées de la Société des Beaux-Arts, dont » M. David était membre honoraire depuis plus de dix ans. Par » amitié pour ses confrères, il accorda cette faveur à condition » que le produit de l'exposition serait consacré à un établisse- » ment de charité. Déjà il était venu visiter la Société, et cette » circonstance avait offert un jour de fête aux amis des arts.

» Pour conserver le souvenir de ce double événement, la » Société résolut d'offrir à l'illustre peintre un médaillon d'or » indiquant d'un côté le trait même du tableau couronné par » la ville de Gand, avec l'époque de l'exposition, et de l'autre » côté une inscription rappelant le motif de bienfaisance et le » séjour du peintre dans la ville de Gand : *Hospiti grato hos-* » *pites et ipsi gratissimi.*

» Ces motifs réunis ont fait penser que le trait de cette noble » production qui, comme l'indique aussi le nom d'Eucharis, » est toute gracieuse, avait de plein droit sa place dans ces » annales.

» L'illustre peintre a trouvé en Belgique un honorable asile, » une terre franchement hospitalière.... »

Ce tableau fut acquis du peintre, par M. le comte de Schœnborn, vice-président de la Chambre des États-Généraux de Bavière, et provient de sa vente faite à Munich en 1865.

Hauteur 88 cent. Largeur 1 mètre 4 cent. Toile.

58. CALAME (Alexandre).

VALLÉE DE LAUTERBRUNNEN, CANTON DE BERNE.

Les eaux bouillonnantes et tourmentées d'une rivière naissante s'ouvrent avec peine un passage à travers des rocs amoncelés dans une gorge profonde, et qui semblent opposer un nouvel obstacle à chaque flot qui se succède.

A gauche, se dressent quelques pics gigantesques de la *Jungfrau*, si longtemps inaccessible, et dont le sommet, avec son turban de glaçons et de neige, se perd dans les nues.

Armé d'un grand bâton, un voyageur marche péniblement au milieu des blocs qui jonchent le sol et s'étendent jusqu'au pied de la montagne.

A droite du cours d'eau, s'élèvent des sapins au bas d'une éminence rocheuse.

D'épais nuages, en interceptant les rayons du soleil, plongent dans l'ombre toute la partie à droite, tandis que la gauche et l'avant-plan du tableau resplendissent vivement éclairés.

Ce contraste saisissant fait encore mieux ressortir l'aspect grandiose et presque sauvage d'un des plus remarquables sites de la Suisse.

Cette belle production est restée jusqu'à ce jour dans la collection de l'amateur pour qui Calame la peignit en 1855.

Hauteur 85 cent. Largeur 1 mètre 6 cent. Toile.

---

59. PICOT (François).

RAPHAEL SANZIO ET LA FORNARINA.

Dans un site dont le caractère rappelle bien la campagne de Rome, l'*Agro romano* dans sa splendeur du XVIe siècle, Raphaël

Sanzio est assis à l'ombre d'un arbre aux rameaux touffus, auprès d'une statue de l'Amour, qui est armé de son arc mythologique.

L'artiste est occupé à dessiner ; sans doute il cherche à reproduire quelques harmonies de la belle nature qui l'entoure ; mais sa maîtresse, la Fornarina, vient le distraire en l'enlaçant de ses bras.

Raphaël veut d'abord se dégager de cette étreinte passionnée ; l'art lutte contre l'entraînement des sens ; mais il cède à la fascination du regard de la belle Romaine, et son bras est impuissant à dénouer le cercle qui l'enlace, et qui en se resserrant abrégera sa brillante carrière.

Tamisés en quelque sorte entre le feuillage, les rayons du soleil éclairent en partie ce groupe et produisent un effet délicieux par un piquant ensemble d'ombre et de lumière.

Ce tableau provient de la galerie du comte de Schœnborn, dont la vente eut lieu à Munich en 1865.

Hauteur 65 cent. Largeur 52 cent. Toile.

---

60. OMMEGANCK (Balthazar-Paul).

PAYSAGE AVEC ANIMAUX.

Dans un site charmant, de dimension restreinte, borné à l'horizon par un cours d'eau et par des montagnes presque noyées dans la brume du matin, le pinceau facile d'Ommeganck nous montre au pied d'un sombre massif de verdure, deux moutons et une chèvre éclairés en partie par les rayons du soleil levant.

C'est vraiment une page saisissante de naturel que ce tableau, qui a été reproduit par la lithographie.

Provenant du cabinet du chevalier de Coninck de Merckem, Gand, 1856.

Hauteur 27 cent. Largeur 25 cent. Bois.

---

61. VAN DAEL (J.-F.).

FRUITS.

Sur une tablette de marbre, l'artiste a groupé avec goût quelques pêches et une magnifique grappe de raisin blanc, encore attachée au cep sur lequel elle a mûri. Trois prunes, deux brugnons et une grappe de raisin bleu complètent cette charmante composition, qu'achève de caractériser un papillon qui butine sur une feuille de vigne s'élevant à la partie supérieure du tableau.

Hauteur 39 cent. Largeur 29 cent. Bois.

---

62. MEULEMANS (A.)

EFFET DE LUMIÈRE.

Une grande fenêtre cintrée laisse voir l'intérieur d'un magasin d'épiceries où est une jeune femme tenant par la main un petit enfant.

L'épicier vient de prendre quelques raisins secs dans une caisse posée sur l'appui de la fenêtre et les offre à l'enfant tout joyeux. Le sujet est éclairé par une chandelle que la jeune femme tient de la main gauche. Sur l'appui sont encore une balance, un pain de sucre et autres accessoires. Au fond, par une porte dont la partie supérieure est ouverte, une femme tenant une lanterne à la main, cause avec un homme.

Hauteur 56 cent. Largeur 47 cent. Bois.

Vente du comte de Schœnborn, Munich, 1865.

63. VAN OS (P.).

PAYSAGE ET ANIMAUX.

Au premier plan, auprès d'une mare, des vaches, un bélier et deux moutons sont dans un gras pâturage. A gauche, à l'arrière-plan, des chaumières entourées d'arbres. Le fond est formé de montagnes boisées se terminant à droite par une plaine. Un garçon portant un fagot et une petite fille s'avancent dans un chemin creux à l'arrière-plan.

Hauteur 48 cent. Largeur 64 cent. Toile.

Vente du comte de Schœnborn, Munich, 1865.

64. NETSCHER (Constantin).

Élève de son père Gaspard.

PORTRAIT DE LA PRINCESSE DE PALLAVICINI.

Voici le portrait d'une grande dame italienne, fille de la princesse Rossani, et devenue l'épouse du prince de Pallavicini de Verafria, chef d'une des plus illustres maisons de la Lombardie, qui, en quittant son pays natal, a figuré au premier rang de l'aristocratie de Rome et de Florence.

La beauté du modèle si habilement reproduit par le pinceau

harmonieux de Constantin Netscher, l'habile et savant portraitiste, répond à l'illustre origine de la princesse de Pallavicini, célèbre dans les cours de l'Europe et notamment à Versailles, vers la fin du XVIIe siècle.

C'est une figure charmante vue de trois quarts, aux longs cheveux bruns bouclés avec un bouquet de pervenches ; le corsage est décolleté selon la mode du temps ; la robe est de couleur ventre de biche avec garniture de dentelles ; sur le devant, un bouquet de pervenches et de volubilis ; manches relevées et agrafées par une pierre.

Hauteur 73 cent. Largeur 62 cent. Toile.

---

65. NECK (JEAN VAN).

CALISTO.

Au pied de roches couronnées de broussailles, à l'ombre de quelques hêtres au feuillage touffu, la nymphe s'apprête à prendre un bain dans une eau tranquille qui s'étend au premier plan à gauche. Au fond se prolonge un horizon montagneux.

Hauteur 42 cent. Largeur 38 cent. Toile.

---

66. NECK (JEAN VAN).

JUPITER ET CALISTO.

Pendant du précédent. — Après avoir pris le plaisir du bain, la nymphe en sort et voit avec effroi Jupiter qui était caché par les roseaux ; il vient la surprendre et la retient en souriant.

Hauteur 42 cent. Largeur 38 cent. Toile.

Bruxelles. — Impr. et lith. de E. Guyot, rue de Pachéco, 12.

www.ingramcontent.com/pod-product-compliance
Ingram Content Group UK Ltd.
Pitfield, Milton Keynes, MK11 3LW, UK
UKHW020440180726
13839UKWH00004B/1570